AF465812

LES ORIGINES
DE L'IMPRIMERIE
ET
SON INTRODUCTION EN ANGLETERRE

PAR A. QUANTIN

D'APRÈS DE RÉCENTES PUBLICATIONS ANGLAISES

PARIS
IMPRIMERIE A. QUANTIN ET Cie
7, RUE SAINT-BENOIT
1877

LES ORIGINES

DE L'IMPRIMERIE

ET

SON INTRODUCTION EN ANGLETERRE

CET OUVRAGE

A ÉTÉ TIRÉ A 275 EXEMPLAIRES

Exemplaire N° [illegible]

LES ORIGINES

DE L'IMPRIMERIE

ET

SON INTRODUCTION EN ANGLETERRE

PAR A. QUANTIN

D'APRÈS DE RÉCENTES PUBLICATIONS ANGLAISES

PARIS
IMPRIMERIE A. QUANTIN ET Cie
7, RUE SAINT-BENOIT
1877

LES ORIGINES DE L'IMPRIMERIE

ET

SON INTRODUCTION EN ANGLETERRE

CHAPITRE I

PREMIERS ESSAIS D'IMPRIMERIE. — INCUNABLES.

EUX qui se plaisent à faire remonter toute invention à sa forme primitive considèrent les briques moulées de l'Assyrie et de l'Égypte comme la première manifestation connue de l'Imprimerie, et cela semble assez vrai, si le mot *impression* est employé dans un sens assez large pour y comprendre toute sorte de caractères obtenus au moyen de moules ou de coins. Dans cet ordre d'idées, l'emploi des sceaux serait une autre forme de l'imprimerie, et de même pour l'art de battre monnaie qui, d'après Hérodote, a été pratiqué pour la première fois par les Lydiens.

Pour rentrer dans la typographie proprement dite, il paraît hors de doute que l'Imprimerie était connue et pratiquée en Chine longtemps avant son introduction en Europe, et probablement vers le IXe siècle.

On s'y servait de blocs de bois gravés d'une façon très-ingénieuse. On écrivait d'abord une copie manuscrite sur le papier mince qui est encore universellement employé en Chine, puis on le collait sur le bloc, la face en dessous, et on le rendait transparent en l'imbibant d'huile. Le graveur avait ainsi devant lui le tracé renversé du manuscrit et en gravant à travers le papier, il obtenait immédiatement une page type. Le tirage des épreuves se faisait au moyen d'une encre délayée, semblable à l'*encre de Chine* d'aujourd'hui. L'impression se faisait au moyen d'une brosse douce, que l'on passait légèrement sur le dos du papier, et un ouvrier habile pouvait tirer ainsi près de deux mille exemplaires dans sa journée. Il y a une ressemblance frappante entre ces livres chinois et les incunables de l'Allemagne et de la Hollande. Les feuilles ne sont imprimées que d'un côté du papier et elles sont reliées de la même manière, les deux pages imprimées se trouvant face à face. Dans les deux pays, on avait l'habitude de coller ensemble les pages blanches des feuilles, afin de présenter l'impression sans interruption. Les premiers incunables européens portent aussi la trace de salissures obtenues soit par le frottement du papier sur la surface encrée de la planche, soit par les coups de la brosse. Mais on reconnaît qu'il n'y a pas eu de forte pression à ce que le papier n'est jamais déchiré autour de l'œil de la lettre.

L'art ainsi pratiqué en Chine aurait été, dit-on, apporté en Europe, au temps de Marco Polo, et, il y a quelques années, cette tradition obtint une confirmation nouvelle par l'érection d'une statue, aux frais des imprimeurs de Milan, à un certain Panfilo Castaldi. Selon les auteurs italiens, ce Panfilo Castaldi, originaire de Feltre, aurait vu quelques livres chinois rapportés par Marco Polo. Il était familier avec l'art de mouler le verre de Venise pour former des initiales de manuscrits, et aurait conçu l'idée de fabriquer des types en bois ou en métal d'une seule lettre. Il aurait réussi à imprimer ainsi plusieurs feuilles d'un seul côté, à Venise et vers 1426. On ajoute que Jean Faust le connut à Feltre, et qu'il acquit ainsi la connaissance de l'art typographique qu'il devait développer plus tard en Allemagne.

L'histoire de Castaldi n'est confirmée par aucun document ni par aucune autre preuve historique de valeur. Plusieurs circonstances concourent à la discréditer. Marco Polo, qui rapporte avec des détails minutieux presque tous les faits relatifs à la Chine, ne fait, ce qui est d'ailleurs assez étrange, aucune allusion à l'art d'imprimer des livres, bien qu'il dût y être d'un usage général pendant son séjour et bien qu'il parle de l'emploi d'un sceau enduit de vermillon servant à marquer la monnaie de liége du Grand Kaan. Il n'existe pas un seul incunable de Venise, d'une date aussi ancienne que ceux produits en Allemagne, et on ne connaît aucun livre imprimé en caractères mobiles à Venise antérieur à l'année 1469, époque à laquelle Jean de Spire fit sa première édition des *Epistolæ familiares* de Cicéron. En outre, tous les faits connus sur l'enfance de la Typographie européenne sont incompatibles avec une théorie quelconque qui puisse admettre l'existence de caractères mobiles en bois ou en métal antérieurs au milieu du XVe siècle. Nous pouvons suivre le progrès de cet art en Europe pas à pas, à partir de son commencement primitif jusqu'à sa perfection avec une exactitude telle que nous devons exclure l'idée qu'il ait été introduit comme une chose mûre et établie, en procédant d'après des méthodes déjà découvertes.

Il existe bien en Europe des livres qui ont été imprimés au Ve ou au VIe siècle de notre ère, mais ils semblent avoir été exécutés non pas par une presse typographique, mais bien par la xylographie. Nous pouvons en mentionner deux de ce genre, le *Codex argenteus* à la bibliothèque d'Upsal et les *Évangiles* à la bibliothèque du chapitre de Vérone. Le premier est en caractères mésogothiques et semble venir du nord de l'Europe. Le dernier, un des monuments les plus magnifiques de la Typographie, est exécuté en lettres d'argent sur du vélin bleu foncé, avec des initiales en or. On voit clairement, à l'aspect des deux ouvrages, que chaque lettre a été imprimée séparément sur le vélin avec un coin chauffé, comme ceux dont les relieurs se servent aujourd'hui. En quelques endroits on s'est servi d'une pression trop forte et la page a été coupée par les bords tranchants du coin; ailleurs le coin était trop chaud et le vélin est roussi.

Mais il faut avouer que ce procédé ne facilitait en aucune façon la multiplication des exemplaires d'un manuscrit; il était, au contraire, plus lent que l'écriture, et plusieurs siècles devaient s'écouler avant que l'art ne prît une tournure pratique.

Il est généralement admis aujourd'hui que la xylographie, ou impression au moyen de blocs de bois gravés, fut la première forme sous laquelle l'Imprimerie apparut en Europe; mais si nous voulons essayer de faire remonter les traces de la gravure sur bois à son origine, nous nous trouvons de nouveau transportés au milieu de légendes incertaines et d'hypothèses insoutenables.

L'histoire des deux Cunio a souvent été racontée, mais elle ne peut en aucune manière être considérée comme digne de foi. D'après elle, un volume intitulé *les Faits historiques, représentés en images, du grand et magnanime roi de Macédoine, le téméraire et valeureux Alexandre,* aurait été exécuté, en 1284 ou 1285, par Alexandre-Albéric Cunio, chevalier, et Isabelle Cunio, sa sœur jumelle, lorsqu'ils n'avaient que seize ans. Il était dédié au pape Honorius IV, et est ainsi décrit par un de ses prétendus auteurs : « Nous l'avons d'abord conçu en grand pour être réduit à l'exécution et pour être exécuté en relief avec un couteau sur des blocs de bois lissés et polis par ma savante et chère sœur. Tous deux nous avons continué et achevé ce travail à Ravenne, d'après les huit tableaux de notre invention, peints de dimension six fois plus grande que la reproduction ; nous avons gravé les planches et donné leur explication par des légendes aussi gravées. Enfin nous avons tiré plusieurs exemplaires sur du papier pour en multiplier le nombre et nous mettre à même de les offrir à nos connaissances et à nos amis, comme marque de gratitude, d'amitié et d'affection. »

Ces gravures ont été découvertes dans la maison de M. de Greder, en Suisse, par M. Papillon. Elles étaient reliées dans un livre contenant des notes au sujet de leur histoire, d'après lesquelles il résulte que le volume aurait été donné à un certain Jean-Jacques Turine, par le comte de Cunio. Toute cette histoire n'est pas digne de foi. Papillon appartenait à une famille qui depuis longtemps était familière avec l'art de graver sur bois; quelques-uns des culs-de-lampe qu'il a faits avec Lesueur pour une édition in-folio des *Fables* de La Fontaine ont beaucoup de mérite, mais comme historien il se montre tout à fait indélicat et indigne de foi. Heinecken, qui considère le commencement du XVIe siècle comme l'époque à laquelle la gravure sur bois a été introduite en Italie, traite avec mépris la partie historique de son *Traité de la gravure en bois*.

« Je ne puis nommer aucun artiste de ce pays, dit-il, qui ait gravé sur le bois avant *Hugo da Carpi, Dominique Beccafumi* et *Balthasar Perruzi*, peintres presque contemporains et qui travaillèrent tous au commencement du XVIe siècle. Ce que *Marolles* dit des gravures sur bois, en Italie, avant ces maîtres, n'est qu'une conjecture. *Florent le Comte* a copié ses fautes, et *Papillon* les a augmentées plus que tous les autres dans son *Traité de la gravure en bois*, ouvrage dont le premier tome (car pour le second je ne suis pas juge compétent) est rempli d'erreurs, de fables et de minuties, tellement qu'il ne vaut pas la peine de les réfuter. Cependant je suis convaincu que l'auteur, dont je connais le caractère, a écrit tout cela de bonne foi, sans en savoir davantage[1]. »

1. *Idée générale des estampes*, p. 150.

Vers la fin du XIVe siècle, l'usage des cartes à jouer devint général en Europe et l'on se mit à les fabriquer en plusieurs endroits en grande abondance. Les premiers fabricants de cartes employèrent d'abord des blocs gravés pour imprimer les contours des figures et en firent remplir l'intérieur à la main. Plus tard, des images de saints furent obtenues d'une manière semblable. Plusieurs de ces dernières ont été conservées par les moines et existent encore; la plupart sont sans date; mais quelques-unes sont non-seulement datées, mais encore pourvues d'une ou deux lignes imprimées et gravées par le même bloc que l'image. Heinecken a découvert l'exemplaire le plus ancien qui soit connu, à la chartreuse de Buxheim, près de Memmingen, un des plus antiques couvents d'Allemagne. Cette gravure représente saint Christophe qui traverse un bras de mer en portant l'enfant Jésus; un ermite avec une lanterne est debout, de l'autre côté de l'eau, et au loin un paysan, avec un sac au dos, gravit un coteau. La feuille est de la dimension d'un in-folio et la gravure a été coloriée. Au-dessous se trouve cette inscription, si précieuse aux yeux des bibliographes, car c'est l'impression datée la plus ancienne que l'on ait trouvée :

CHRISTOFORI FACIEM, DIE QUACUNQUE TUERIS
ILLA NEMPE DIE MORTE MALA NON MORIERIS.

MILLESIMO CCCC° XX° TERTIO.

L'importance que la fabrication des cartes et des images imprimées au moyen de blocs de bois acquit dans la première moitié du xve siècle est démontrée d'une façon curieuse par un décret du gouvernement vénitien du 11 octobre 1441, premier document public qui fasse mention de l'art de la Gravure sur bois. Il se réfère à la décadence du trafic vénitien en cartes et images, et continue de la sorte :

Attendu que l'art et le secret de fabriquer les cartes et les images imprimées, pratiqué à Venise, est tombé totalement en décadence par suite de la grande quantité de cartes à jouer et images coloriées imprimées qui se fabrique hors de Venise; — et qu'il est nécessaire d'apporter un remède à ce mal, afin que les artistes en question, dont une grande partie ont de la famille, trouvent une protection contre les étrangers, nous ordonnons et établissons, conformément à la supplique desdits maîtres, que dès à présent et dorénavant il sera interdit d'apporter ou d'importer dans cette ville des produits dudit art, imprimés ou peints sur étoffe ou sur papier, c'est-à-dire tableaux d'autel, cartes à jouer et tous autres produits dudit art, faits à la brosse et imprimés.

La Gravure sur bois à Venise doit avoir été d'abord importante et prospère, et être tombée plus tard en décadence, pour qu'une déclaration de cette nature ait pu être faite par le gouvernement. On peut donc prétendre avec certitude qu'elle a été pratiquée dans cette ville tout à fait au commencement du xve siècle.

Mais cet art naissant ne devait pas se borner longtemps à produire des cartes à jouer et des gravures de saints. L'Europe se réveillait de son long sommeil et partout s'ouvrait une période féconde d'activité littéraire. Les bibliothèques des monastères, longtemps négligées, livraient leurs trésors inestimables, et les sages de la Grèce et de Rome recommençaient à faire entendre leurs voix. Rois et princes avaient cessé de se vanter eux-mêmes de leur ignorance et se disputaient le titre de protecteurs des lettres. Des bibliothèques se formaient à grand'peine. Aucun prix n'était jugé trop élevé pour les manuscrits merveilleusement travaillés qui sortaient des mains des copistes et des enlumineurs, et il n'était pas rare d'orner les précieux volumes de reliures chargées d'or et de pierreries.

Au milieu d'un tel mouvement, l'attention des inventeurs et des hommes de lettres fut naturellement appelée sur la nécessité de multiplier rapidement les copies des manuscrits les plus recherchés : la Gravure sur bois allait leur en donner les moyens. On avait reproduit les traits d'un dessin, carte à jouer ou image, on pouvait agir de même pour l'écriture des copistes. Sans doute, une page ainsi gravée serait plus coûteuse et plus longue à obtenir qu'une simple page manuscrite, mais, une fois ce travail fait, quelle facilité pour en répéter à bas prix les exemplaires autant de fois que l'exigeraient les demandes de plus en plus nombreuses. Nous voici arrivés aux *Incunables* [1] appelés quelquefois *anopistographes* parce que le papier était souvent imprimé d'un seul côté.

Le spécimen le plus ancien de ces incunables, et le premier livre imprimé en Europe, fut la célèbre *Biblia pauperum* ou *Bible des pauvres*, manuel religieux, autrefois populaire, dont beaucoup d'éditions ont été faites en Hollande, en Flandre et en Allemagne, entre 1400 et 1475. Le *British Museum* en possède un des beaux exemplaires connus. Il se compose de quarante feuilles imprimées par frottement avec une encre brunâtre sur un seul côté du papier. Toutes les pages ne sont pas exactement de la même dimension ; elles varient entre 241 et 254 millimètres de hauteur sur 190 millimètres de largeur. Comme tous les premiers incunables, il n'est pas daté.

Le milieu de chaque page est divisé en trois compartiments dont chacun contient la gravure d'un sujet biblique. Il y a également sur chaque page quatre images de saints, ou prophètes, deux en haut et deux en bas. Le texte commence en haut de chaque page et occupe l'espace laissé entre les gravures. Il consiste dans le texte biblique illustré par les gravures. Les noms des saints et prophètes sont

1. Du latin *incunabulum*, berceau.

imprimés au-dessous de chacun d'eux, et le bas de la page est rempli de notes qui se rapportent aux sujets représentés.

Cette description un peu minutieuse de la *Bible des pauvres* servira à donner une idée assez exacte des premiers essais d'imprimerie. Il est à remarquer que les figures l'emportent comme place sur le texte ; c'est le cas de beaucoup des premiers incunables. Les gravures sont souvent coloriées à la main.

Un autre incunable célèbre est le *Speculum humanæ salvationis*, ouvrage qui a été l'objet de plus de controverses entre les antiquaires bibliophiles que tout autre produit primitif de l'art typographique. Ses éditions latines consistent en soixante-trois feuilles de petit in-folio, sur lesquelles il y a cinquante-huit images gravées et accompagnées chacune de deux lignes de latin rimé. Il est incontestable que les gravures ont été imprimées avec des blocs de bois, mais l'opinion a été longtemps divisée sur la question de savoir si le texte a été exécuté au moyen de blocs fixes ou de caractères mobiles. Il paraît certain que quelques-uns des textes sont gravés sur des blocs et que, dans quelques éditions, des caractères mobiles, soit de bois, soit de métal, ont été employés.

On peut encore citer parmi les incunables connus l'*Apocalypse*, ou *Histoire de saint Jean l'Évangéliste*, contenant 48 gravures; — l'*Histoire de la Vierge Marie,* contenant 16 gravures; — l'*Art de mourir,* formant 24 feuillets petit in-folio; — la *Glorification de la Bienheureuse Vierge Marie,* datée de 1471.

La plupart des incunables sont d'un caractère religieux. Plusieurs parties de la Bible ont été imprimées de temps en temps de cette façon. Un spécimen bien connu d'incunables est intitulé *Ars memorandi,* ou *Moyens mnémotechniques pour apprendre les quatre Évangiles.* Des almanachs ont aussi été publiés de bonne heure en incunables. Le premier d'entre eux sortit de la presse du célèbre astronome Regiomontanus, à Nuremberg, vers 1474. Enfin le dernier incunable fut imprimé à Venise, vers 1510, par Giovanni Andrea Vavassore sous le titre : *Opera nova contemplativa, — figure del testamento vecchio,* etc.

Toute l'histoire des Incunables intéresse la Gravure sur bois plus directement que la Typographie proprement dite. La Gravure en relief fut, en effet, créée ainsi tout d'une pièce; depuis, elle n'a fait que perfectionner ses moyens d'exécution, sans modifier son principe. Au contraire, des blocs de bois gravés aux types mobiles, la distance est telle qu'on hésite à faire remonter l'invention de l'Imprimerie jusqu'à ces premiers essais de reproduction. Pratiquement, c'est de la possibilité de composer et de décomposer des caractères mobiles pour former des pages renouvelables à l'infini, que date la découverte de notre art. C'est, du reste, sur ce seul point que s'élèvent les prétentions rivales de Gutenberg, de Laurent Coster, de Faust. Elles ont été l'objet des plus minutieuses recherches et des discussions les plus passionnées. Dans le tome XXVI de l'*Encyclopédie moderne*, M. Ambroise Firmin-Didot les a savamment résumées. Nous ne ferons que les rappeler brièvement pour arriver à une conclusion aussi logique que possible.

CHAPITRE II

HAARLEM ET LAURENT COSTER.

EPT villes se disputèrent la gloire d'avoir donné le jour à Homère. Plus de quatorze ont réclamé l'honneur d'avoir été le berceau de la Typographie : Haarlem, Mayence, Strasbourg, Dortrecht, Venise, Rome, Florence et beaucoup d'autres ont élevé de temps à autre leurs prétentions, mais peu ont trouvé grâce devant la critique, et deux seulement, Haarlem et Mayence, se sont disputé longtemps la victoire.

Ceux qui placent à Haarlem le berceau de l'Imprimerie en types mobiles attribuent l'invention à un certain Laurent Janszoon ou Laurent Coster, qui serait né vers 1370 et mort vers 1440. Ces dates sont données d'après l'autorité de Meermann[1], qui croit lui-même qu'elles sont incertaines.

Presque tout ce que l'on sait de Laurent Janszoon est puisé d'un ouvrage d'Adrien Junius, intitulé *Batavia*. Médecin savant de Haarlem et homme d'une grande valeur littéraire, Adrien Junius naquit à peu près soixante-douze ans après la mort de Janszoon et écrivit son livre environ cent vingt ans après cet événement.

Cet ouvrage (*Hadriani Junii Hornani, medici,* BATAVIA) a été imprimé pour la première fois en 1588, et à cette époque l'opinion universelle était depuis plus d'un siècle que la Typographie avait été inventée par Jean Gutenberg. Junius lui-même en fait foi[2]. Voici ce qu'il raconte de Laurent Janszoon :

« Il y a cent vingt-huit ans, demeurait à Haarlem, dans une maison d'une splendeur remarquable, d'après ce qu'on en peut juger par ce qui reste aujourd'hui sur la place du marché en face du palais royal, un certain

1. Meermann, *Origines typographicæ,* vol. I, p. 49, 52. *Hagæ Comitum,* etc., 1765.

2. En parlant d'Haarlem, Junius dit : « Redeo ad urbem nostram, cui primam inventæ istius artis typographicæ gloriam deberi et summo jure asserandam aio, ut pote propriam et nativam; sed luminibus nostris sola afficit inveterata illa et quæ encausti modo inscripta est animis opinio, tam altis innixa radicibus quas nulli ligones, nulli cunei, nulla rutra revellere aut eruere valeant, qua pertinaciter credunt et persuasissimum habent apud Mogontiacum claram et vetustam Germaniæ urbem primo repertas litterarum formulas quibus excuderentur libri. » (*Batavia,* p. 253, éd. 1588.)

Laurentius Joannes surnommé *Custos* ou *Æditūus*, c'est-à-dire sacristain, parce que sa famille jouissait par héritage du privilége de cet emploi. Aujourd'hui on réclame pour cet homme, avec les meilleurs motifs et par suite d'affirmations les plus solennelles faites à ce sujet, l'honneur d'avoir inventé la Typographie. D'autres en ont joui jusqu'ici qui ne le méritaient pas, et seul il aurait droit à ces lauriers pacifiques préférables à ceux de tous les conquérants. »

« En se promenant dans un bois voisin de la ville, suivant la coutume des bourgeois qui en avaient amplement le loisir les après-dînées des jours de fête, il se mit à tailler quelques lettres à l'envers sur l'écorce d'un hêtre, et en fit des impressions sur du papier pour son propre amusement, et pour donner un modèle à imiter aux petits enfants de sa fille. Il y réussit, et, comme c'était un homme intelligent et chercheur, il vit là les principes d'une découverte plus importante. Il trouva un auxiliaire dans son gendre, Peter Thomas, dont les quatre fils obtinrent presque tous la dignité consulaire (je cite ce fait pour montrer que l'Imprimerie est sortie non d'une famille ordinaire, mais d'une grande et riche maison). Ils inventèrent à eux deux une encre plus gélatineuse et plus adhérente que l'encre ordinaire, qui coulait et faisait des taches. Puis il fabriquèrent des tablettes sur lesquelles étaient gravées des figurines et des

lettres. J ai vu moi-même un ouvrage anonyme, écrit dans un style particulier, intitulé *Speculum nostræ salutis,* et fabriqué de la sorte. Ce premier essai grossier était imprimé non sur les deux côtés, mais seulement sur des pages opposées, les versos étant collés ensemble pour ne pas laisser voir le mauvais effet des pages blanches. Plus tard, ils remplacèrent les types de hêtre par d'autres en plomb et enfin en étain, substance plus dure et plus résistante. Cette même matière servit à fondre ces vieux pots à vin qui sont encore visibles dans la maison de la place du marché, qui fut habitée plus tard par le petit-fils de l'inventeur, Gérard Thomas, mort il y a quelques années à un âge très-avancé et que je cite ici avec respect comme un homme très-honorable et un citoyen tenu en haute estime. »

« Les nouvelles inventions excitent naturellement la curiosité, et cette fabrication rapide attira les acheteurs de tous les côtés. Les bénéfices furent considérables au début. Mais l'amour du livre se répandant, il fallut satisfaire aux demandes de plus en plus pressantes, et prendre de nombreux ouvriers. Ce fut la cause de tous les malheurs de Laurentius Joannes. Parmi ces nouveaux ouvriers se trouvait un Jean Faustus dont le nom de mauvais augure ne devait pas être trompeur. Bien qu'il fût tenu par un serment de garder le secret professionnel, dès qu'il crut connaître le mode de réunir les lettres ensemble, le procédé pour fondre les caractères et les autres détails de la fabrication, il profita de l'occasion de la veillée de Noël, pendant que tout le monde était occupé aux préparatifs de la fête, pour réunir tous les outils de son patron, s'emparer de tous les types, et se sauver de la maison accompagné d'un autre voleur, son complice. Il se rendit d'abord à Amsterdam, puis à Cologne, et enfin s'établit à Mayence. Là, il se crut à l'abri des atteintes de ceux qui le poursuivaient, et commença à exploiter pour son compte l'art dont il avait volé le secret. Et, de fait, à peu près un an après cet événement, c'est-à-dire en 1442, le *Doctrinale* d'Alexandre Gallus, grammaire qui était alors très-renommée, et les *Traités* de Pierre d'Espagne y parurent avec les caractères mêmes dont Laurentius se servait à Haarlem. »

« Voilà, ajoute le docteur Junius, l'histoire que j'ai apprise de personnes respectables et dignes de foi, auxquelles elle a été racontée; et j'ai moi-même trouvé plusieurs autres personnes dont le témoignage, par sa similitude, corroborait et confirmait ces assertions. Je me rappelle que le précepteur de ma jeunesse, Nicolaus Galius, homme qui se distinguait par une mémoire aussi vive que fidèle, m'a répété que, plus d'une fois, lorsqu'il était petit, il avait entendu un certain Cornélius, relieur qui avait été employé dans l'atelier de Laurentius et qui a vécu jusqu'à quatre-vingts ans, lui raconter avec une grande émotion toute l'affaire, en entrant dans tous les détails... »

La tradition, racontée ainsi par Junius, trouve un appui dans des récits à peu près semblables d'écrivains anciens et faisant autorité. Mais, nulle part, Laurent Janszoon n'est clairement désigné. Nous allons les citer. C'est, d'abord, la célèbre *Chronique de Cologne*, imprimée dans cette ville par Jean Kœlhoff en 1499.

Elle raconte ainsi l'histoire de la découverte de l'Imprimerie :

« *Item.* — Cet art, très-digne et très-honorable, de l'Imprimerie a été découvert d'abord à Mayence en Allemagne, et c'est un grand honneur pour la nation allemande de compter dans son sein des hommes aussi ingénieux. C'était vers l'an 1440 de Notre-Seigneur, et à partir de cette époque jusqu'en 1450, qui fut une année d'or (l'année du Jubilé), cet art et tout ce qui s'y rapporte furent de plus en plus perfectionnés. En 1450, on commença à imprimer; et le premier livre imprimé fut une Bible en latin, composée avec de gros caractères, tels que ceux dont on se sert maintenant pour les missels.

« *Item.* — Bien que cet art ait été créé à Mayence, la première idée cependant a pris naissance, en Hollande, des *Donat* qui ont été imprimés avant cette époque. Ce fut là le principe; mais il est vrai que sa forme actuelle constitue une découverte supérieure encore à la première, plus utile, et qui ira toujours en se perfectionnant.

« *Item.* — Un nommé Omnebonus rapporte, dans la préface d'un livre intitulé *Quintilianus* et dans d'autres ouvrages, qu'un certain Français appelé Nicolas Genson découvrit le premier ce grand art, mais cela est évidemment faux, car des personnes vivent encore qui peuvent prouver que des livres ont été imprimés à Venise avant que Nicolas Genson n'y vînt et commençât à y graver et fondre des caractères. Le premier inventeur fut bien un citoyen de Mayence appelé Jean Gudenburch, né à Strasbourg et gentilhomme de naissance.

« *Item.* — De Mayence, cet art vint à Cologne ; de là à Strasbourg et enfin à Venise. Je tiens ce récit de la propre bouche de l'honorable patron Ulrich Zell, de Hanau, qui est encore imprimeur à Cologne en 1499, et auquel la ville de Cologne doit l'introduction de l'imprimerie dans ses murs.

« *Item.* — Quelques ignorants soutiennent que des livres ont été imprimés à des époques plus anciennes, mais cela est faux. »

En 1561, Théodore Volchart Coornhert, savant distingué et imprimeur à Haarlem, a publié une traduction hollandaise de Cicéron *de Officiis*. En dédiant ce livre aux magistrats de Haarlem, il rapporte qu'on a souvent dit que la Typographie avait été inventée à Haarlem. « Cet art, dit-il, a été apporté plus tard à Mayence par un employé infidèle et y a été perfectionné. Si l'honneur de cette invention revient à Mayence, il ne faut s'en prendre qu'à la négligence des citoyens de Haarlem à faire valoir leurs droits. Je vois, poursuit-il, que l'opinion générale que cet art a été inventé à Mayence est maintenant si fermement établie qu'il est inutile d'espérer la modifier, même par l'évidence la plus grande et les preuves les plus irrécusables. Mais la vérité n'est pas moins la vérité pour n'être connue que de quelques-uns. Quant à moi, ma conviction est faite et je la dois aux témoignages dignes de foi d'hommes aussi respectables par l'âge que par leur autorité, qui non-seulement m'ont parlé de la famille de l'inventeur, de son nom et de son surnom, mais qui m'ont même décrit les moyens grossiers dont il se servait d'abord et m'ont montré du doigt la maison où il habitait. »

Peu d'années après la publication du livre de Coornhert, Luigi Guicciardini, neveu du célèbre historien d'Italie, composa sa *Descrittione di tutti i Paesi Bassi*. Elle a été publiée à Anvers en 1567 et contient le paragraphe suivant sur l'origine de l'Imprimerie. On remarquera que Guicciardini est plus précis dans ses assertions que les auteurs hollandais.

« Dans cette ville (Haarlem) nous trouvons non-seulement d'après l'affirmation publique de ses habitants et d'autres Hollandais, mais aussi d'après le témoignage de quelques auteurs, que l'art de graver et d'imprimer sur du papier des lettres et des caractères comme on le fait aujourd'hui y a été inventé. L'inventeur mourut avant d'avoir porté son art à sa dernière perfection; mais ses essais ne furent pas perdus. Un de ses ouvriers s'enfuit à Mayence, où il s'appliqua à démontrer l'utilité de cette invention. Accueilli avec joie, il put continuer ses travaux avec succès et y devint bientôt aussi habile que célèbre. Ainsi naquit la croyance universellement répandue qui désigne Mayence comme le berceau de l'Imprimerie.

« Il ne m'appartient pas de reconnaître de quel côté est la vérité. Ce que j'ai rapporté suffit, et je ne veux pas, par mes paroles, faire du tort à cette ville et à ce pays. »

On pourrait encore citer d'autres auteurs sur cette question, mais leurs affirmations sont de même nature, encore plus vagues et moins satisfaisantes. Ainsi Angelo Rocca, secrétaire de Sixte V, rapporte, dans son appendice au Catalogue de la Bibliothèque du Vatican, qu'Alde le jeune lui montra un jour un *Donat* portant sur les premières pages une note de la main de Mariangelus Accursius où il disait que Faust était sans doute l'inventeur des caractères en métal, mais qu'il en avait pris l'idée dans un *Donat* qui avait été imprimé antérieurement en Hollande avec des blocs gravés. Enfin Scriverius cite quelques fragments d'un ouvrage perdu d'un nommé Jan Van Zuren, un compagnon de Coornhert à l'imprimerie de Haarlem, par lequel le témoignage de Coornhert est confirmé.

Telles sont les preuves historiques sur lesquelles s'appuient les droits de Laurent Janszoon au titre d'inventeur de l'Imprimerie.

C'est Meermann qui, le premier, a suscité et conduit cette argumentation au sujet de l'imprimerie de Haarlem. Il cite tous les fragments que ses immenses lectures lui ont fait découvrir à l'appui de sa thèse. Sans vouloir encombrer cette notice de ces pièces justificatives, nous nous contenterons de donner ici le résumé de ses recherches.

D'après Meermann, Laurent Janszoon descendait, avec une barre de bâtardise sur son écu, de l'ancienne maison de Brederode, autrefois souveraine en Hollande. Son père était Hans Laurentszoon, de Haarlem.

« Ainsi, dit Meermann, l'invention du noble art de la Typographie peut être attribuée à un homme de naissance noble, et, par une coïncidence étrange,

Gutenberg, qui a substitué les caractères en métal à ceux en bois, fut également d'origine patricienne. Non-seulement cela ne nuisit pas à sa réputation, mais il continua, lorsque son invention se fut répandue, à être considéré comme gentilhomme et fut même attaché à la cour de l'électeur Adolphe. Dans le principe, en effet, les imprimeurs étaient considérés à un tel point, que Frédéric III leur conféra le droit de porter des vêtements garnis d'or et d'argent. Au xve siècle, les hommes de la classe des chevaliers et les dignitaires de l'Église pratiquaient cet art, qui ne tomba en discrédit et ne fut pratiqué par les gens du peuple que longtemps après. »

Aux yeux de Meermann, Adrien Junius est donc coupable d'une grave erreur lorsqu'il dit que Laurent Janszoon était le descendant d'une famille qui avait reçu le nom de *Coster* à cause de son droit héréditaire à la profession de sacristain.

Laurent Janszoon figure pour la première fois dans les registres publics en 1408; en cette occasion, le registre constate qu'il a été mis à l'amende de *60 nobles* pour avoir pris part à une insurrection à Haarlem. A plusieurs reprises, de 1423 à 1434, il fut magistrat ou trésorier de la ville.

La grandeur de la maison où il habitait prouve qu'il était riche. Sa femme s'appelait Catherine et leur unique rejeton était une fille, Lucie, qui épousa

Thomas Peterszoon, le futur aide en typographie de Coster.

Meermann admet difficilement le détail rapporté par Junius sur les premiers essais de typographie qui auraient été faits avec des écorces de hêtre. Il dit qu'il est bien plus simple de supposer que Coster s'amusait à graver l'extrémité d'une véritable petite branche, tout en se promenant avec sa famille dans les bois de Haarlem.

Il n'est pas bien facile, dit Meermann, de déterminer de quelle nature étaient les types que Janszoon gravait ainsi sur le bois. Cependant l'imprimeur Enschedius croit les avoir retrouvés dans des textes originaux imprimés des deux côtés de la page sur du vélin de fabrication ancienne et consistant dans l'*alphabet,* le *Pater* et le *Credo* en latin. Après mûr examen et après comparaison de ces types avec ceux de la première édition hollandaise du *Speculum* et de quelques *Donat* hollandais, Meermann est d'accord avec Enschedius pour y reconnaître l'œuvre même de Janszoon.

Cela posé, il est aisé pour Meermann de fixer la date de la découverte de Laurent Janszoon. Junius dit que les types étaient gravés sur de l'écorce et imprimés pour servir aux petits-fils de Janszoon. Or ces petits-fils devaient avoir atteint un âge assez avancé pour pouvoir connaître la langue latine. Peter, l'aîné, avait des enfants en 1440, de sorte qu'il doit s'être marié au plus tard en 1438. En supposant qu'il se soit marié à vingt ans, il serait né vers 1418 et son frère cadet, Andrew, était probablement plus jeune de deux ans. Ainsi Peter aurait eu douze ans et Andrew dix en 1430. Par conséquent, l'invention de la Typographie peut être placée vers 1430.

Meermann nie que Laurent Janszoon se soit jamais servi de caractères en métal fondu et n'ajoute pas foi à l'histoire rapportée par Junius sur les deux pots faits avec de vieux caractères et soi-disant encore en possession des héritiers de Janszoon : « Des caractères en métal, dit-il, et en tout cas des caractères en métal fondu n'ont pas été inventés à Haarlem, mais à Mayence. » Il répète alors l'histoire du vol des caractères de Janszoon; mais, comprenant l'absurdité de supposer que Faust, un marchand riche et très-connu à Mayence, ait jamais été le domestique de Janszoon et un voleur, et, sachant que Gutenberg se trouvait à Strasbourg à l'époque du prétendu vol, il en accuse un certain Jean Gensfleisch, frère aîné du célèbre imprimeur qui, bien que de naissance aristocratique, aurait été contraint par la pauvreté à entrer au service de Janszoon.

« Je pense, dit Santander, et sa critique n'est pas trop sévère, que le plus habile romancier, l'auteur de *Don Quichotte* lui-même, n'aurait pas mieux réussi que

M. Meermann dans la composition et le dénoûment de son roman typographique, enfanté par un penchant fanatique pour la gloire de sa patrie. » Nous croyons qu'il n'y a rien à changer ni à ajouter à cette appréciation.

Plus tard, des auteurs, dont aucun n'a fait des recherches plus patientes et plus minutieuses que celles de M. Ottley dans ses ouvrages sur les origines de l'Imprimerie, ont voulu soutenir les droits de Coster, en prouvant, d'après les arguments pris dans l'ouvrage même, que le *Speculum humanæ salvationis* est d'origine hollandaise; qu'il a été imprimé à Haarlem, avec des caractères fondus, par Laurent Janszoon, avant que la Typographie ne fût encore connue de Gutenberg. Le champ de discussion ainsi ouvert est trop vaste pour que nous puissions l'aborder dans cette notice, et les arguments employés sont trop techniques pour pouvoir être expliqués sans l'aide d'illustrations et de reproductions du livre original. Mais l'opinion des meilleurs bibliographes reste inébranlable. Il est admis que l'on ne connaît aucun livre portant une date qui ait été imprimé à Haarlem avant 1483, plus d'un quart de siècle après que le fameux Psautier eut été édité par Faust et Schœffer. Le récit de la fuite de Faust de Haarlem à Mayence, avec tous les outils et tous les caractères de Coster, est puéril, et les mêmes histoires ont été racontées et répétées presque pour toutes les villes où l'on fit du commerce avec l'imprimerie. Le fameux *Speculum* est attribué à la Hollande, uniquement parce que les experts en gravures déclarent que c'est un échantillon d'art plutôt hollandais qu'allemand, et on l'attribue à une date ancienne pour des raisons qui ne supportent pas la discussion. En admettant que l'exécution en soit hollandaise, ce n'est pas une raison pour qu'il ait été imprimé à Haarlem, et il n'y a aucune preuve que Coster soit pour quelque chose dans son impression. Les arguments concernant les autres livres attribués à Coster ressemblent tellement à ceux qui ont trait au *Speculum*, que nous n'avons pas besoin de faire un nouveau voyage à travers les détails techniques de la question.

Il se peut que Laurent Coster soit, dans cette discussion de primauté, victime de l'inflexibilité des chiffres, et qu'il porte la peine de ne pas avoir daté ses premiers ouvrages. Mais on ne peut se dispenser de considérer les dates comme seules capables de faire autorité. Or elles sont en faveur de Gutenberg. Tous les arguments en faveur de l'imprimeur hollandais sont hypothétiques, quelquefois contradictoires, et ils s'appuient sur des récits inspirés eux-mêmes d'autres légendes, si bien qu'on ne trouve aucune autorité vraiment sérieuse et responsable.

Dans l'exposé qui va suivre de l'histoire et des

droits de Gutenberg, on rencontrera bien aussi des hésitations, des retours aux prétentions de Laurent Coster; mais les faits auront incontestablement un plus grand caractère de certitude, les témoignages seront plus directs, et il semblera que l'on raisonne sur un terrain vraiment solide. Les partisans de Coster prétendront que c'est précisément parce que les temps se rapprochent ; mais ce serait là plutôt un tour de rhétorique qu'un argument sérieux. En poursuivant ce raisonnement, il faudrait en conclure que l'inventeur ne serait pas non plus Laurent Coster, mais quelqu'un qui, l'ayant précédé, serait tellement ancien qu'on n'en aurait jamais entendu parler.

CHAPITRE III

MAYENCE ET JEAN GUTENBERG.

SUR la rive gauche du Rhin, au confluent du Mein, s'élève la vieille ville de Mayence. Son histoire, riche en pieux souvenirs, en fait une des cités saintes de l'Allemagne; mais la plus pure de toutes ses gloires est d'avoir vu naître Jean Gutenberg.

Une famille d'origine patricienne et d'une réputation honorable, portant le nom de Gensfleisch, possédait au XIVe siècle un bien appelé *Sorgenloch*, dans le voisinage immédiat de cette ville. Elle avait deux maisons à Mayence appelées *Zum Gensfleisch* et *Zum Gutenberg*. Dans la dernière, sise au point de jonction de la Pfandhausgasse et de l'Emmerangasse,

Hans ou Jean Gutenberg vint au monde vers 1400. Il est nommé tantôt Gensfleisch de Sorgenloch, tantôt Gensfleisch de Gutenberg, mais c'est le nom de Gutenberg que la renommée a consacré.

On a peu de données sur l'histoire de sa première jeunesse. Il habitait Strasbourg vers 1424, et le fait est prouvé par une lettre qu'il écrivit à sa sœur. La tradition veut qu'il ait été obligé de quitter Mayence pour avoir été mêlé à une insurrection des bourgeois contre la noblesse, et, en 1430, quand les différends entre les deux partis furent arrangés par des concessions mutuelles, il figure comme un des gentilshommes absents du pays. Cette même année, Conrad III proclama une amnistie en faveur de tous les citoyens de Mayence qui avaient été contraints de s'exiler durant les troubles, mais il paraît que Gutenberg n'en profita que pour faire une courte visite à sa ville natale, en 1432.

Les registres civils de Strasbourg démontrent qu'il a demeuré dans cette ville depuis 1436 jusqu'en 1444. En 1436, il figure dans un procès pour rupture de promesse de mariage, intenté contre lui par une dame *Ann zur Isernen Thür*, ou *Anne de la Porte de Fer*, qu'il paraît cependant avoir épousée plus tard.

Heinecken dit de lui qu'il était « un homme plein de projets », et ce que nous savons de son histoire prouve la justesse de cette définition. A Strasbourg, beaucoup de gens s'adressaient à lui pour qu'il leur enseignât les divers arts qu'il avait inventés. Plusieurs années avant 1439, un certain André Dritzehen apprit de lui une nouvelle méthode de polir les pierres, qui se trouvait être extrêmement avantageuse. Plus tard, il était associé avec Hans Riffe, maire de Lichtenau, pour fabriquer par des procédés nouveaux certains articles de vente courante aux foires annuelles d'Aix-la-Chapelle. Dans cette société, Hans Riffe n'avait droit qu'à un tiers des bénéfices, les deux autres tiers restant à Gutenberg.

Dritzehen et un certain André Heilmann eurent connaissance de cette entreprise et demandèrent à y participer. On y consentit, et une nouvelle société fut formée, dans laquelle Dritzehen et Heilmann avaient une part à eux deux, Hans Riffe une autre, et Gutenberg se réservait un intérêt égal à la moitié du total. Dritzehen et Heilmann devaient payer tout de suite 80 florins en or pour leur introduction, et 80 autres florins quelque temps après. Pour une raison quelconque, la foire d'Aix-la-Chapelle n'eut pas lieu cette année-là et un nouveau contrat fut passé entre les parties pour une société qui devait durer cinq ans. Les renseignements sur l'invention de l'Imprimerie proviennent presque tous des archives des tribunaux de Strasbourg, devant qui les droits des différentes parties à ce dernier contrat ont été déterminés.

Par ce contrat, Gutenberg consentit à communiquer à Riffe, Dritzehen et Heilmann *toutes ses inventions merveilleuses et variées,* à la condition que chacun d'eux lui payerait une nouvelle somme de 125 florins dont 50 devaient être payés comptant et le reste par des versements partiels à échéances fixes. Il fut convenu que, dans le cas du décès d'un des membres de la société avant l'expiration des cinq ans, ses ayants droit recevraient 100 florins pour leur part dans l'affaire. André Dritzehen étant décédé au bout de deux ans, ses frères, Georges et Claus, demandèrent ou à être admis dans la société comme ses héritiers, ou à être remboursés des fonds placés par lui dans l'affaire.

Gutenberg refusa et les deux Dritzehen prirent des mesures légales pour revendiquer leurs prétendus droits. Ils perdirent. Gutenberg présenta sa défense en exhibant le contrat de société par lequel André Dritzehen s'était engagé à payer 50 florins au comptant, et une autre somme de 75 florins par payements partiels. Il prouva que seulement 40 de ces 50 florins avaient été payés et que par conséquent Dritzehen lui devait 10 florins en outre des 75 florins dont le payement devait se faire plus tard.

La cour donna gain de cause à cette défense par un jugement daté du 12 décembre 1439, qui ordonnait que Gutenberg payerait à Georges et Claus Dritzehen la somme de 15 florins, représentant la différence entre les 100 florins qui, d'après la convention, devaient être payés aux ayants droit de l'associé décédé, et les 85 florins, montant de la dette d'André Dritzehen envers Gutenberg.

L'argumentation suivie dans le procès est rapportée tout au long et établit, sans la possibilité d'un doute, le fait que l'une des inventions *merveilleuses et variées* communiquées par Gutenberg à ses associés était l'art d'imprimer avec des caractères mobiles. Il paraît que quelques essais typographiques avaient été faits chez Dritzehen, car aussitôt que la nouvelle de son décès fut connue de Gutenberg, il envoya un messager afin de prendre des précautions contre la divulgation du secret.

Ce messager était Laurent Beildeck, qui, à son audition comme témoin, déposa que lorsque la mort de Dritzehen fut connue, il avait été envoyé par Gutenberg chez Claus Dritzehen pour lui dire de ne montrer à personne la presse qu'il avait sous sa garde. Beildeck fit la commission, et il ajouta dans sa déposition que Gutenberg lui répéta d'aller retrouver Claus Dritzehen pour y démonter immédiatement la presse au moyen des deux vis, de manière que les morceaux se détachassent, et de les mettre dans la presse ou sur le dessus même, de telle façon que personne ne fût à même de voir ni de comprendre.

Après cela, Claus devait aller immédiatement trouver Gutenberg, qui désirait lui parler.

Ennel Schultheiss, femme de Hans Schultheiss, marchand de bois, dépose qu'elle a entendu Beildeck faire la commission à Claus Dritzehen en lui disant que son frère avait quatre *pièces* dans la presse et que Gutenberg voulait qu'il les séparât, afin que personne ne pût découvrir ce que c'était.

André Heilmann, associé de Gutenberg, avait pris des précautions semblables aussitôt qu'il apprit la mort de Dritzehen, et envoyé Conrad Saspach, le charpentier qui avait fait la presse, pour en séparer les morceaux. Enfin son frère, Anthony Heilmann, témoigna que Gutenberg avait donné des ordres semblables au sujet des *formes* qui se trouvaient entre les mains d'André Heilmann.

L'unique témoin dont nous ayons encore besoin de citer la déposition est Hans Dünne, orfévre, qui prouva qu'il avait reçu de Gutenberg, dans l'espace de trois ans, la somme de 100 florins en payement d'articles se rapportant à l'impression. Il faut remarquer que les mots allemands *forme* et *presse*, employés par les témoins, sont encore des termes techniques de Typographie.

Ceux qui n'ont pas la connaissance pratique des difficultés inhérentes à l'introduction des caractères mobiles dans l'imprimerie sont susceptibles de faire peu de cas de la grande découverte de Gutenberg. Un peu de réflexion démontrera le contraire. Mais, dans une notice qui s'adresse spécialement aux Typographes, il est inutile d'insister sur cette importance. Une des premières difficultés à surmonter dans la pratique de l'invention nouvelle fut l'assemblage des types, la justification et la mise en pages. Gutenberg se servit d'abord, pour les premières lettres de bois, d'une ficelle passée dans un trou percé dans le corps de la lettre. Si ce moyen n'est pas purement légendaire, il dut tout au moins être peu satisfaisant et il fallut promptement imaginer des cadres de bois à vis.

C'était un grand progrès, mais qui ne corrigeait pas encore le gros inconvénient résultant des différences de hauteur des lettres en bois. La nécessité rend industrieux, et il y avait absolue nécessité à trouver des caractères en métal. Aussi est-il hors de doute que Gutenberg fit faire ce dernier pas à son invention, et c'est là le point capital et l'immortel honneur de sa découverte.

Pendant son séjour à Strasbourg, il fit de grandes dépenses pour acheter du plomb. Ceux qui lui contestent le mérite d'être l'inventeur des caractères en métal fondu soutiennent que ce plomb ne servait pas à des essais typographiques, mais bien à la fabrication de miroirs, une branche d'industrie dont, à ce qu'ils disent, il s'occupait beaucoup. Cette assertion a été pendant longtemps un embarras, mais le mot de l'énigme est facile à trouver.

A la vérité, Gutenberg fabriquait des types métalliques et employait du plomb pour son procédé ; mais il s'en cachait soigneusement. Comme ces opérations ne pouvaient pas se faire sans éveiller la curiosité publique, sa réponse à tous les questionneurs était *qu'il fabriquait des miroirs,* et effectivement il en faisait. Mais c'étaient les « miroirs du salut humain : *specula humanæ salvationis* ».

En 1459, dans un contrat qui réglait quelques affaires de famille auxquelles sa sœur, religieuse au couvent de Sainte-Claire, était intéressée, il y a une clause par laquelle il consent à ce que les livres qu'il a déjà présentés au couvent lui appartiennent à perpétuité et il s'engage à fournir au même couvent tous les livres de caractère religieux qu'il publierait par la suite. Bien qu'aucun ouvrage ne porte le nom de Gutenberg comme éditeur, on ne peut donner une preuve plus certaine de sa fabrication, puisqu'il donne ce qui est fait et promet ce qu'il fera.

Tout ce que nous venons de rapporter dans ce chapitre et dans les chapitres qui précèdent peut, suivant les tendances, être résolu dans le sens hollandais ou dans le sens allemand. Quoi qu'il en soit, un fait d'importance capitale reste debout et à l'abri de toutes les discussions; M. Bernard, un avocat habile et éminent de l'école de Haarlem, en convient lui-même lorsqu'il dit : « C'est à l'école de Mayence et non à celle de Haarlem que l'humanité doit la révélation de l'art typographique, » c'est-à-dire l'invention des types mobiles et des types en matière. Que Laurent Coster ait eu ou non la première idée des blocs gravés; qu'il ait même, plutôt comme amusement que pour s'en servir, gravé quelques lettres isolées, son invention serait restée stérile sans le développement que lui a donné Gutenberg et l'application qu'il en a faite. En créant les types mobiles et en métal, Gutenberg a réellement, et seulement alors, créé l'Imprimerie. Il est bien le père de cet art que les anciens auraient appelé divin, qui a changé la face du monde et dont il n'est personne aujourd'hui qui ne ressente les bienfaits. C'est bien Gutenberg qui a laissé en mourant un legs immense et glorieux dont le monde lui gardera éternellement reconnaissance.

Mais ce n'est pas encore le cas de nos jours, et ce n'était pas chose plus commune il y a trois cents ans, qu'un inventeur retire lui-même les bénéfices de son invention. Gutenberg ne fit pas exception à la règle : il continua ses essais pendant de longues années et avec beaucoup de sacrifices. Son patrimoine entier fut sacrifié sans ménagement à la poursuite de son projet; de l'argent prêté par ses parents fut absorbé dans des perfectionnements incessants. Il fut enfin obligé de contracter de grandes dettes. Sa persévérance au milieu de ces difficultés ne fléchit pas un seul jour. En 1442, il vendit à l'église collégiale de Saint-Thomas, à Strasbourg, une propriété de Mayence dont il avait hérité à la mort de son oncle. Quelques années plus tard, il retourna dans sa ville natale, et, en 1449, nous le trouvons établi à Mayence et en relations d'affaires avec Jean Faust.

Faust, qui était orfévre et possédait une fortune considérable, lui fournit le reste du capital qui lui était nécessaire. Suivant Thrithemius, le premier volume imprimé par Gutenberg et Faust fut un vocabulaire appelé *Catholicon* qui était probablement une édition de la grammaire de Donat. C'était encore un incunable; « mais, dit Thrithemius, ces blocs ne pouvaient servir qu'à l'impression d'un seul ouvrage, puisque les caractères étaient gravés sur le bois même et par conséquent ne pouvaient être ni désassemblés ni assemblés autrement. Aussi complétèrent-ils promptement leur invention par une autre plus ingénieuse encore, car ils imaginèrent de graver séparément chaque lettre de l'alphabet dans des formes qu'ils appelèrent *matrices* et dans lesquelles ils fondirent ensuite des caractères en cuivre ou en étain, suffisamment durs pour résister à la pression ».

C'est sur l'autorité de Schœffer, d'abord au service de Faust et plus tard son associé et gendre, que Thrithemius appuie son dire et ne craint pas d'attribuer à Faust l'invention des types mobiles et métalliques, ou du moins la découverte de l'art de les fondre dans une matrice.

« En vérité, dit Thrithemius, j'ai appris, il y a trente et un ans, par Schœffer de Gernsheim, citoyen de Mayence et gendre du premier inventeur de cet art, que de grandes difficultés se présentèrent après la première invention de l'Imprimerie. Pour la *Bible* seule, lorsqu'ils eurent terminé la troisième partie, il y avait déjà 4,000 florins de dépensés. »

La découverte des signes mobiles est donc encore une fois remise en question et enlevée à Gutenberg pour être attribuée à Faust. Après tant d'années, même les preuves les plus évidentes, s'il en existait, pourraient être diversement interprétées, et cette question menace de s'éterniser. Une fois pour toutes, d'après les raisonnements les plus sensés et les mieux appuyés, il convient de reconnaître que Gutenberg a pu et a dû être aidé pendant sa longue carrière. Il n'est pas douteux que ces aides aient apporté quelques perfectionnements à l'œuvre conçue et commencée par le maître; mais il ne faut pas saisir ces

6

prétextes et trouver un certain plaisir à ébranler la gloire de l'inventeur. Si les chercheurs d'aujourd'hui sont de bonne foi, rien ne prouve qu'il en a été ainsi de tous temps, et c'est un fait fréquent de voir les découvertes discutées par les contemporains. Pour nous, et pour résumer ces longs débats, rien n'a encore mis sérieusement en question la gloire de Gutenberg, et elle doit rester intacte.

Les relations de Gutenberg avec Faust finirent en 1455. Cette année-là, Faust réclama le payement de 2,020 florins, représentant deux avances séparées de 800 florins chaque, plus les intérêts et les autres frais. Gutenberg refusa de payer, alléguant que les avances n'avaient pas été faites aux époques stipulées. D'où procès, et condamnation de Gutenberg à rembourser toutes les sommes reçues de Faust, à l'exception de celles qui avaient été dépensées pour le matériel de l'imprimerie et que Faust gardait en nantissement. Ne pouvant trouver la somme nécessaire, il est forcé de laisser tomber toute l'affaire dans les mains de Faust, mais il reste à Mayence et il est probable qu'il continua à imprimer pour son compte.

Ici encore nous ne pouvons laisser passer sous silence les doutes que l'on a émis sur la droiture commerciale de Gutenberg. Ces soupçons ne sont appuyés sur aucune preuve absolue et il semble, au contraire, plus équitable de supposer que Gutenberg a eu le sort commun des inventeurs à court d'argent qui sont plus à la merci des autres qu'on ne l'est généralement à la leur.

Déjà vieux, il trouva un protecteur dans l'Électeur Archevêque de Mayence qui l'attacha à sa cour. On dit qu'il devint aveugle avant sa mort, qui eut lieu en 1468. Il fut inhumé dans l'église des Récollets. En 1837, un honneur tardif fut enfin rendu à sa mémoire par l'érection, à Mayence, de la magnifique statue conçue par Thorwaldsen et élevée aux frais de souscriptions recueillies dans toute l'Europe. C'est une statue en bronze dressée sur un piédestal de marbre sur la place principale de la ville qui porte maintenant le nom de Place de Gutenberg. La façade du piédestal porte l'inscription suivante :

JOHANNEM GENSFLEISCH DE GUTENBERG,
PATRICIUM MOGUNTINUM,
ÆRE PER TOTAM EUROPAM COLLATO
POSUERUNT CIVES.

MDCCC.XXX.VII.

De l'autre côté du piédestal se trouve écrit :

Artem, quæ Græcos latuit, latuitque Latinos,
Germani solers extudit ingenium;
Nunc quidquid veteres sapiunt, sapiuntque recentes,
Non sibi, sed populis omnibus id sapiunt.

Pour avoir été méconnu dans ses débuts, Gutenberg a récolté depuis une ample moisson de gloire. Les historiens ont fait son éloge, les philosophes l'ont acclamé, les poëtes l'ont chanté, et il faudrait une bibliographie spéciale de tous les ouvrages qu'il a inspirés. Nous ne citerons que ces vers latins d'Arnold de Bergel parce que, imprimés à Mayence en 1541, dans son *Poëme en l'honneur de l'Imprimerie*, ils sont une preuve de plus au dossier de Gutenberg :

Auctorem quærunt, primos qui repperit hujus
    Archetypos artis, primaque puncta tulit.
Decertantque duæ non parvi nominis urbes,
    Quælibet artificem vendicat usque sibi.
Annalesque tuos quidam, Germania, torquent,
    Bullatas nugas hac quoque parte vomunt.
Sed, te ne fallat mendacis opinio vulgi,
    Illius referam quæ sit origo rei.
Clarus Joannes en Gutenbergius hic est,
    A quo, seu vivo flumine, manat opus.

CHAPITRE IV

FAUST ET SCHŒFFER.

C'est à Mayence, dans l'atelier de Faust et Schœffer que nous trouvons pour la première fois l'imprimerie pratiquée sur une vaste échelle et dans des circonstances qui ont pu être relevées par l'histoire d'une façon précise. Dans les mains de ces artistes, l'art typographique atteignit la perfection pour ainsi dire d'un seul bond.

L'ambition de Gutenberg avait été de consacrer ses premiers travaux à une édition complète de l'Écriture sainte, et tout porte à croire qu'en 1455, lorsque cessèrent ses relations avec Faust, l'ouvrage était déjà fort avancé. Quand eut lieu la rupture entre les deux associés, rien ne prouve d'une façon précise que tout fut terminé, et on ne peut qu'espérer pour le pauvre Gutenberg qu'il ait eu la satisfaction de mener jusqu'au bout le monument si courageusement entrepris. Mais toutefois, si quelques premiers exemplaires furent vendus avant 1455, il n'y a point de doute que le gros du tirage se trouva invendu entre les mains de Faust et de Schœffer qui eurent le bénéfice d'écouler le reste de l'édition.

Cette première Bible qui est en même temps le premier ouvrage important imprimé à Mayence est une édition de la Vulgate latine exécutée en caractères métalliques d'une grande dimension.

Elle est appelée *Bible Mazarine* parce que le premier exemplaire en fut découvert dans la bibliothèque du cardinal Mazarin. Elle consiste en 641 feuilles, formant parfois quatre grands volumes in-folio; des exemplaires sont sur papier d'une texture magnifique, d'autres sur vélin. On en connaît aujourd'hui environ quinze exemplaires.

Elle était sans date ni nom d'imprimeur, car évidemment on voulait lui donner l'apparence d'un manuscrit; mais on suppose, d'après des données certaines, qu'elle a été imprimée entre 1450 et 1455. Il n'est même pas improbable que ce volume ait occupé la presse pendant tout ce temps, c'est-à-dire cinq ans, car certains détails de métier prouvent que chaque page a été imprimée séparément. Ces volumes précieux sont admirés de tous ceux qui les voient : la netteté, la régularité et l'élégance du type, l'éclat de l'encre et la pureté du papier en font un ouvrage parfait que les typographes modernes auraient de la peine à reproduire, sans pouvoir espérer mieux.

Faust se rendit à Paris dans l'intention de vendre une partie du tirage et obtint, dit-on, du roi de France sept cent cinquante couronnes pour un exemplaire. Plus tard, lorsqu'on apprit que d'autres exemplaires étaient prêts pour la vente à des prix variant de cinquante à trois cents couronnes, l'inventeur fut soupçonné de sorcellerie. Il est peu probable que le diable, son associé prétendu, eût choisi une édition de la Bible pour sa première spéculation typographique, mais, dans tous les cas, il aurait réussi, car il paraît que le nombre des exemplaires vendus fut relativement considérable. Les prix en variaient sensiblement et ces différences s'expliquent, si l'on se rappelle que la première édition fut imprimée partie sur vélin et partie sur papier, et que les lettres initiales et autres enjolivures étaient faites à la main à des prix variés. Il n'y a pas de doute que les volumes aient été vendus en principe comme manuscrits et considérés chacun comme exemplaire unique; on en débattait le prix suivant leur beauté individuelle. Mais le temps passa où l'on put faire croire à d'aussi nombreux manuscrits, et le second ouvrage de Faust et Schœffer fut publié et annoncé expressément comme un livre imprimé. Ce fut le fameux *Psautier de Mayence* de 1457, le premier livre imprimé qui porte le nom de l'imprimeur, l'endroit et la date de sa publication. L'indication suivante, qui termine le livre, est intéressante à cause de sa description du nouvel art :

Presens Spalmorum (sic) *Codex venustate capitolium decoratus, rubricationibusque sufficienter distinctus ad inventione artificiosa imprimendi ac caracterizandi absque calami ulla exaratione sic effigiatus, et ad eusebiam Dei industrie est consummatus per Johannem Fust, civem Moguntinum, et Petrum Schœffer de Gernszheim, anno Domini Millesimo CCCC.LVII, in Vigilia Assumpcionis.*

Au-dessous, se trouvent les armes de Faust et Schœffer gravées sur deux écussons, et cette marque fut pendant plusieurs générations celle de l'imprimerie de Mayence. Il est curieux que le mot *Psalmorum* soit imprimé par erreur *Spalmorum*, erreur malencontreuse dans une partie ainsi faite pour attirer l'attention.

Le type avec lequel le psautier est composé est fort et hardi. Toute l'édition, imprimée sur du vélin, fut enlevée si rapidement qu'une remise sous presse fut nécessaire en 1459. La belle exécution des lettres initiales a été souvent commentée, et la notice citée plus haut semble prouver que Faust et Schœffer avaient réussi, dès cette époque, à les reproduire typographiquement en couleurs.

On comprit bientôt la nécessité d'un type plus petit et plus commode, et dans la même année que la deuxième édition du psautier, Faust et Schœffer produisirent avec une nouvelle fonte un in-folio de 320 pages, en 2 colonnes de 63 lignes chaque, intitulé *Rationale Divinorum Officiorum*. C'est une encyclopédie de renseignements concernant l'origine des cérémonies religieuses. Il fallait déjà que l'imprimerie de Faust et Schœffer fût riche en matériel pour pouvoir établir même une seule feuille in-folio, encore est-il probable qu'il devait y en avoir au moins deux, pour en composer une pendant que l'on tirait l'autre.

Dans les *Constitutiones Clementis Papæ V*, dont trois éditions parurent entre 1460 et 1471, un nouveau progrès fut accompli par les notes marginales. En 1405, dans une édition du *De Officiis* de Cicéron, on employa l'espacement pour la première fois et les lignes furent un peu séparées pour en rendre la lecture plus facile. Ainsi, dans un espace de dix ans, l'art typographique était en quelque sorte créé de toutes pièces et n'avait plus à recevoir que des perfectionnements de détail.

La première Bible avec date, connue sous le nom de *Bible de Mayence*, fut éditée par Faust et Schœffer, en 1462. Le hasard a conservé un titre curieux et authentique du prix auquel ce volume fut vendu. Dans un exemplaire qui avait appartenu autrefois à

Guillaume de Tourneville, chanoine à Angers, Van Praet a découvert une note en latin indiquant que le prix auquel il avait été acheté le 5 avril 1470, était de 40 couronnes. Ajoutons, par comparaison, qu'un des exemplaires de cette Bible de Mayence atteignit à la vente publique de la collection La Vallière la somme de 4,086 francs.

Il était intéressant de s'étendre un peu sur la description de ces premières productions de Faust et Schœffer pour montrer ainsi combien avait été dès le commencement la grandeur de l'effort, et à quel résultat ils étaient arrivés.

Sans vouloir poursuivre le catalogue raisonné de leurs publications, on peut affirmer que leur activité ne se ralentit pas pendant plusieurs années et qu'ils produisirent une grande quantité de volumes traitant principalement de sujets de théologie, de droit et de scolastique. Ils imprimèrent aussi des classiques anciens. Faust termina sa laborieuse carrière à Paris, où il s'était rendu pour affaires en 1466. Pendant ses dernières années, il avait rempli plusieurs fonctions honorables à Mayence. Son fils Conrad continua sa maison et resta associé avec Schœffer, qui devint aussi magistrat et juge à Mayence, en 1489. Schœffer vécut jusqu'en 1503, mais il se tint éloigné des affaires pendant les derniers jours de sa vie. Son fils, Jean Schœffer, imitant l'exemple du fils de

Faust, lui succéda et la maison n'eut pas à changer de nom.

Quelques années auparavant il s'était produit un événement qui devait avoir pour contre-coup un heureux développement de la typographie. En 1462, lorsque Mayence fut assiégée et prise par Adolphe, comte de Nassau, le commerce souffrit un arrêt subit, et Faust et Schœffer furent obligés d'interrompre leurs travaux pendant quelque temps. Leurs ouvriers, à la recherche de travail, se répandirent en Europe et trouvèrent dans maints endroits l'occasion de fonder des maisons pour l'exercice de leur féconde et pacifique profession. Chaque ville pourrait avoir son histoire typographique et ce travail a souvent été fait par monographies. Voici les dates des premiers ouvrages imprimés dans les principales villes du continent. Toutefois il est possible, et pour certains cas certain, que des imprimeries avaient été établies avant la publication des premiers volumes datés. — Strasbourg, 1458; Bamberg, 1461; Subiaco, 1465; Rome, Cologne, 1467; Venise, Milan, 1469; Vérone, 1470; Naples, Florence, 1471; Utrecht, Turin, 1474; Lubeck, Barcelone, 1475; Bruges, Bruxelles, Séville, 1477; Vienne, 1482; Stockholm, Gand, 1483; Copenhague, 1493; Cracovie, Munich, 1499.

Dans son *Traité de la Typographie,* M. Henri Fournier donne, pour la France et jusqu'au commencement du XVIe siècle, une liste de vingt-cinq villes avec les noms de leurs premiers imprimeurs. Nous ne citons que les principaux : Ulrich Gering, Crantz et Friburger (Paris, 1470); — Barthélemi Buyer (Lyon, 1473); — Guillaume Lerouge (Troyes, 1483); — Guillaume Le Tailleur (Rouen, 1487).

Dans plusieurs cas, il résulte clairement des noms des premiers imprimeurs qu'ils sont d'origine allemande. Pour ne citer qu'un exemple : « Conrad Sweynheim et Arnold Pannartz », imprimeurs établis à Torquemada, au monastère de Subiaco, près de Rome, étaient sans aucun doute des Allemands.

CHAPITRE V

WILLIAM CAXTON.

WILLIAM CAXTON naquit dit-on « à Kent, dans le bois ». On n'a pas de renseignements plus précis, et cette indécision s'explique par l'état de cette contrée au xve siècle. C'était une immense forêt qui couvrait une partie des pays de Sussex, Surry et Hamshire.

La plupart de ses biographes le font naître vers l'an 1412, mais M. Blades, un des plus nouveaux et des plus érudits d'entre eux recule sa naissance jusqu'en 1421.

La première fois qu'il est fait mention de Caxton, c'est dans les registres de la *Compagnie des Merciers de Londres* qui relate que John Large et William

Caxton étaient apprentis chez Robert Large en 1438. Suivant l'opinion de M. Blades, et la plus probable, Caxton était dans sa dix-septième année. Il aurait alors terminé son apprentissage à vingt-quatre ans.

Bien qu'il n'existe aucun document sur les parents de Caxton, il est probable qu'ils appartenaient à la classe aisée et qu'ils étaient fort honorables. D'abord une loi en vigueur défendait à tout jeune homme d'entrer en apprentissage dans le commerce si ses parents ne possédaient pas un certain revenu en terres ou autres biens. En second lieu, Robert Large, son patron, avait été un des shérifs de Londres et occupa plus tard la fonction de Lord Maire. Il fallut donc une influence privée considérable pour obtenir pour le jeune Caxton une entrée aussi favorable dans le commerce. Enfin Caxton parle avec reconnaissance de l'excellente éducation qu'il avait reçue de ses parents : « Je me sentais obligé, dit-il, de prier pour les âmes « de mes parents qui, dans ma jeunesse, m'ont envoyé « à l'école et à qui je dois, par la volonté de Dieu, de « vivre honorablement, j'espère. » (*Prologue de Charles le Grand,* 1485.)

Sir Robert Large avait sa maison de commerce, vaste établissement dont les relations s'étendaient sur tout le continent, au nord d'*Old Jewry*. C'est pendant l'apprentissage de Caxton qu'il devint Lord Maire de Londres. En 1441, il mourut en laissant, entre autres legs, un don de 20 marcs à Caxton (environ 3,750 francs de notre monnaie).

Parmi les villes du continent où il entretenait des relations commerciales, Bruges, résidence de la cour bourguignonne, était alors une des plus importantes. Ce fut là, au milieu d'une colonie de négociants anglais, que Caxton, dont l'apprentissage n'était pas terminé, alla parfaire les conditions de son contrat. Nous savons, par le prologue de son *Recuyell of the Historyes of Troye,* écrit en 1471, qu'il se trouvait alors à l'étranger depuis trente ans, ce qui concorde bien avec la date de la mort de son patron (1441) et son départ d'Angleterre. Pendant ce temps, il était devenu membre de la Compagnie des Merciers et à son voyage à Londres, en 1453, il fut inscrit sur les registres de cette antique corporation.

Plusieurs faits isolés qui résument tout ce que l'on sait sur son séjour à l'étranger prouvent que Caxton acquit une position importante parmi les négociants de Bruges et qu'il jouit d'un grand crédit auprès de la Société des Merciers de Londres. Il appert de documents aux archives de Bruges que déjà, en 1450, quelques années seulement après l'expiration de son apprentissage, son nom était accepté dans le cours de certaines procédures légales comme une garantie suffisante pour la somme relativement élevée de 2,750 francs équivalant à 25,000 francs d'aujourd'hui. En 1465, il figure sur les registres des Merciers comme « gouverneur d'Outre-Mer » et la Compagnie prend la décision de lui écrire au sujet de quelques plaintes qui lui sont parvenues « aussi bien au sujet « du manque de mesure sur toute l'étoffe blanche que « sur l'étoffe brune, de même que sur l'ouvrage du « linon de couleur ». Les registres de Bruges parlent également de lui comme « patron et gouverneur des « marchands de nationalité anglaise à Bruges ».

Caxton s'acquitta avec tant d'autorité des fonctions dont il était investi, qu'en 1464 Édouard IV l'envoya comme ambassadeur avec sir Richard Whitehill, pour renouer les traités de commerce entre l'Angleterre et la Bourgogne qui allaient prendre fin. Ces traités ne furent terminés qu'en 1468, mais Caxton était encore au nombre des négociateurs.

Tels furent les principaux faits connus de la vie de William Caxton jusqu'à cinquante ans, d'après M. Blades dont nous suivons la version. Il est assez étrange qu'aucun document ne témoigne dès cette époque de sa prédilection pour la littérature. Jusqu'à présent, nous n'avons vu en lui que le magistrat et le négociant honnête, respecté de ses concitoyens et honoré de la confiance de son roi. Nous allons maintenant entrer dans la période de sa vie consacrée aux Lettres et à l'Imprimerie.

On trouve assez aisément les raisons de ce changement dans les habitudes littéraires du milieu où vivait Caxton et dans des influences artistiques propres à agir sur une intelligence aussi active. Les ducs de Bourgogne avaient reçu en héritage de leurs ancêtres français le goût des belles-lettres et des arts; à la fin du règne de Philippe le Bon, en 1467, la bibliothèque ducale de Bruges était la plus belle collection de livres qui fût au monde. Un *scriptorium* était en permanence au Palais ducal, et quantité de gens instruits, artistes ou calligraphes, affluaient à Bruges pour jouir de la protection qui leur y était accordée.

Charles le Téméraire, fils et successeur de Philippe le Bon, était de cœur plus soldat que savant, mais il n'en pratiqua pas moins les habitudes élégantes et raffinées de ses prédécesseurs en comblant de ses faveurs les écrivains et les artistes. Ces goûts ne se bornaient pas à la famille ducale et ce devint une mode de les mettre en pratique. Louis de Bruges, dont le nom est partout cité comme celui d'un des seigneurs les plus accomplis de l'époque, forma une bibliothèque entièrement exécutée par des auteurs, copistes et enlumineurs de Bruges et de Gand, qu'il occupait constamment. A peine inférieure à celle des Ducs, elle contenait 106 ouvrages également remarquables par la grandeur des volumes, la beauté du vélin et la magnificence de la calligraphie que par la richesse et la variété des miniatures enlu-

8

minées dont ils étaient ornés. Caxton, qui se trouvait par sa position mêlé à tout ce mouvement littéraire, s'y intéressa naturellement et trouva un nouveau motif d'intérêt dans l'amitié croissante des Anglais et des Brugeois. En 1467, Charles de Bourgogne épousait Marguerite d'York, sœur du roi d'Angleterre, et Édouard lui-même, chassé cinq ans après de son royaume par le comte de Warwick, trouvait à la cour de Bourgogne un refuge amical. Caxton devint un des familiers de la maison royale et occupait dans les premières années de Charles le Téméraire un poste de confiance auprès de la Duchesse elle-même.

Vers cette époque, un prêtre français nommé Raoul Le Fèvre, chapelain du duc de Bourgogne, acheva un livre écrit en français et intitulé *Recueil des histoires de Troyes*. Ce roman devint un des livres favoris de l'époque. Ce n'était nullement, comme le nom semble l'indiquer, un résumé des historiens grecs ni une répétition du poëme d'Homère, mais une légende d'imagination, où les coutumes de la vie féodale et les usages de la chevalerie se trouvent mêlés aux fictions orientales et aux traditions arabes.

Caxton comme beaucoup d'autres fut captivé par cet ouvrage, et, en mars 1463, il commença à le traduire en anglais pour la singulière raison qu'il nous donne lui-même dans son prologue : « Lorsque je « me rappelais que tout homme est obligé par les pré-

« ceptes et les conseils des sages d'éviter la paresse et « l'oisiveté qui sont mère et nourrice des vices, et « que j'avais besoin de me mettre à une occupation « et à une besogne honorables, alors n'ayant pas « beaucoup de travaux, et suivant ledit conseil, je « pris un livre français dans lequel je lus beaucoup « d'histoires étranges et merveilleuses. J'y trouvai « beaucoup de plaisir et d'agrément, tant à cause de « leur nouveauté que du joli langage français écrit « en prose, et si bien arrangé avec concision, que « je pensais comprendre le sens et la substance de « chaque mot. Ce livre était nouveau et récemment « écrit en français, et personne ne l'avait traduit en « notre idiome anglais; je pensai en moi-même que « cette traduction en notre langue anglaise serait « une bonne affaire, et qu'il serait probablement aussi « bien reçu dans le royaume d'Angleterre que dans « les autres pays. C'était une occupation trouvée. Je « résolus donc de commencer aussitôt ledit travail; « je pris plume et encre et je me mis hardiment à « courir en avant comme Bayard l'aveugle le fait « dans le présent ouvrage qui est appelé *Recueil des « Histoires de Troyes*. Ensuite je me rappelai ma simplicité, et combien je connaissais imparfaitement « les deux langues française et anglaise, n'étant jamais « allé en France et ayant appris mon anglais à Kent, « dans le bois où je suis né et où je ne doute pas

« qu'on parle un anglais grossier et rude comme « en aucun autre endroit de l'Angleterre. J'ai habité « au contraire pendant trente ans les pays de Brabant « et de Hollande. Lorsque tout cela se présenta à « mon esprit après avoir écrit quelque chose comme « cinq ou six cahiers, je désespérai de mon travail « et me proposai de ne plus le continuer. J'avais « donc mis de côté les cahiers et depuis deux années « je ne travaillais plus à cet ouvrage que j'étais « décidé à abandonner, quand un jour le hasard « voulut que la très-haute, excellente et très-vertueuse « princesse, ma vénérée maîtresse, madame Marguerite, par la grâce de Dieu, sœur du roi d'Angleterre et de France, monseigneur et souverain, « duchesse de Bourgogne, etc., etc., m'envoyât chercher pour parler avec Sa Grâce de plusieurs affaires « au cours desquelles je fis connaître à son Altesse « que j'avais commencé cet ouvrage. Elle m'ordonna « aussitôt de montrer lesdits cinq ou six cahiers à « Sa Grâce et lorsqu'elle les eut vus, elle trouva « bientôt une faute dans mon anglais, qu'elle me « commanda de corriger et m'ordonna en outre sévèrement de continuer et de terminer ce qui restait « alors à traduire. Je n'osai, en aucune façon, « désobéir à ce terrible commandement, parce que « je suis un serviteur de Sa Grâce et que je reçois « d'elle un salaire annuel et beaucoup d'autres faveurs

« et de grands avantages et espère en recevoir encore « beaucoup d'autres de Son Altesse; j'allais donc en « avant et travaillais à ladite traduction suivant mes « simples et faibles forces... »

Quelques autres détails du progrès de la traduction sont donnés dans l'épilogue du deuxième livre. Elle fut commencée à Bruges et la traduction du deuxième livre fut achevée à Cologne « à l'époque, dit Caxton, « du monde troublé et des grandes divisions qui « étaient survenues et régnaient aussi bien dans les « royaumes d'Angleterre et de France que partout « ailleurs dans le monde, c'est-à-dire l'année de Notre-« Seigneur 1471. »

Tout fut terminé le 19 septembre 1471 et le manuscrit fut remis à la Duchesse ; mais Caxton en avait promis des copies à beaucoup d'Anglais qui visitaient la cour bourguignonne et il résolut de l'imprimer. Ses raisons sont énumérées dans l'épilogue du troisième livre.

« En les écrivant ma plume s'est usée, ma main « est devenue lourde et incertaine, mes yeux se sont « affaiblis en regardant trop le papier blanc, mon « courage n'est plus disposé et prêt au travail comme « il l'a été, et l'âge gagne tous les jours sur moi « en affaiblissant mon corps. J'ai cependant promis « à plusieurs gentilshommes et à mes amis de leur « envoyer aussitôt que je le pourrais ledit livre. Je

« me suis donc exercé et j'ai appris, à grande peine « et à grands frais, l'art d'imprimer d'après la manière « et la forme que l'on peut voir ici et qui n'est pas « une écriture avec la plume comme pour les autres « livres. Ainsi tout le monde peut les avoir à la fois, « car tous les exemplaires de cette histoire appelée « *Recueil des histoires de Troyes*, tels que celui-ci, « ont été commencés le même jour et finis égale- « ment le même jour, et j'ai présenté ce livre à ma « vénérée maîtresse comme c'est dit plus haut. Elle « a bien voulu l'accepter et m'en a récompensé « largement ; c'est pourquoi je prie le Dieu Tout- « Puissant de lui accorder la félicité éternelle après « cette vie. »

Le *Recuyell* ne porte ni nom d'imprimeur, ni date, ni désignation du lieu d'impression. Mais il est hors de doute que c'est le premier livre imprimé en anglais.

Une controverse ardente s'est élevée sur ce point : quand et chez qui William Caxton a-t-il appris à imprimer ? La traduction du *Recuyell* était finie le 19 septembre 1471 et il y a tout lieu de croire qu'elle fut imprimée aussitôt après. L'opinion la plus généralement admise jusqu'à ce jour lui donnait pour premier maître Ulrich Zell, de Cologne, mais M. Blades penche plutôt pour Colard Mansion, de Bruges. Voici comment il défend sa thèse.

La traduction du *Recuyell* terminée et récompensée par la duchesse de Bourgogne, elle jouit aussitôt d'une grande vogue. Les lords anglais, nombreux à Bruges, voulurent posséder des copies du roman le plus aimé du moyen âge, et Caxton se trouva dans l'impossibilité de répondre assez vite à ces demandes. Nous sommes alors vers 1472, et Colard Mansion, habile calligraphe, fut sans doute connu de Caxton et employé à exécuter des copies. Mais Colard Mansion avait acquis quelques connaissances de l'art typographique à Bruges, et était prêt à reproduire ces copies au moyen de la presse, pourvu qu'il fût encouragé et soutenu par les avances de fonds nécessaires. Caxton apporta l'argent, Mansion les connaissances pratiques et ils firent ensemble, avec des types nouveaux, le premier livre imprimé en langue anglaise, *The Recuyell, etc.* Ce livre ne fut probablement pas terminé avant 1474 et il fut suivi un an après d'une édition du *Livre des échecs*.

« *The Game and Playe of the Chesse* » commence par un prologue qui le dédie au duc de Clarence, frère d'Édouard IV. Suivant Caxton, c'est la traduction d'un petit livre français qui lui était tombé entre les mains et qui semble avoir été tiré du traité de Jacobus de Cessolis, d'après les traductions françaises de Jehan de Vignay et de Jean Faron. Caxton analyse cet ouvrage comme étant une collection de maximes, préceptes et contes d'anciens docteurs, philosophes et poëtes, racontés et appliqués à l'instruction des nobles comme des vilains en s'inspirant des règles du jeu d'échecs.

Les pièces du jeu d'échecs sont supposées représenter le roi, les divers rangs de la noblesse et les gens ordinaires du royaume, auxquels on apprend d'après ces règles du jeu à se gouverner eux-mêmes suivant la sagesse.

La première édition de ce livre se vendit rapidement et les exemplaires en sont maintenant presque introuvables. Une deuxième édition, qui ne porte pas de date, est remarquable comme étant le premier livre anglais illustré avec des gravures sur bois.

Un peu avant 1476, Caxton résolut de quitter les Flandres et de consacrer le reste de sa vie à l'exercice de son art dans son pays natal. Ni sa « main incertaine », ni ses « yeux affaiblis », ni les années qui « l'envahissaient de jour en jour », ne l'empêchèrent d'emporter avec lui « l'art qu'il avait appris à grande peine et à grands frais ».

A un âge où la plupart des hommes se retirent de la vie active pour jouir tranquilles du fruit de leurs travaux, il entreprend pour longtemps, sur une vaste échelle, un labeur sans relâche et fonde définitivement l'imprimerie en Angleterre. Pendant près de vingt ans, il travaille sans cesse à écrire, à traduire, à corriger et à imprimer. Son activité ne s'arrête qu'avec sa vie. « Ainsi finit, lit-on dans la *Vie des Pères,* « son dernier ouvrage, la très-vertueuse histoire des « vies pieuses et justes des saints Pères vivant dans « le désert. La traduction du français en anglais en a « été faite par William Caxton, de Westminster, décédé « récemment, et achevée le dernier jour de sa vie. »

Caxton s'établit à Westminster. M. Stowe dit que ce fut dans l'aumônerie même de l'abbaye que l'abbé Islip l'installa en 1471. Mais il y a là une double erreur : en 1471, Caxton était encore dans les Pays-Bas, et Islip n'était pas abbé de Westminster.

D'après M. Stanley, la meilleure autorité pour tout ce qui touche à l'abbaye, cette aumônerie se trouvait au sud, à l'entrée de la rue appelée maintenant Tothill-Street et vis-à-vis la chapelle de Sainte-Anne. On peut tirer de cette chapelle l'explication du nom donné encore en Angleterre à certaines réunions d'imprimeurs appelées *chapels.*

En résumé et en coordonnant tous les renseignements recueillis, il est constant que Caxton habitait, entre l'aumônerie de Westminster et la chapelle de Sainte-Anne, dans une maison appelée *the Red pale,* le pieu rouge, mais on ne pourrait pas en préciser aujourd'hui l'emplacement.

On a reproché à Caxton d'avoir été sans discernement dans le choix des ouvrages qu'il éditait. « Il se

« crut obligé, dit *Gibbon,* de complaire au goût dépravé « de ses lecteurs, de flatter les nobles avec des traités « sur le blason, la chasse au faucon et le jeu d'échecs « et d'amuser la crédulité du peuple avec les romans « des chevaliers de la Fable et avec des légendes de « saints encore plus fabuleux. »

Cette critique est injuste. Obligé de gagner sa vie, comme il nous le dit lui-même, Caxton choisit naturellement, pour les publier, les livres qui étaient les plus demandés, et, malgré cela, il se plaint souvent de ne pas vendre assez d'exemplaires pour couvrir ses frais. Ainsi, dans l'avant-propos de la *Golden Legend,* il dit que l'ouvrage étant trop lourd pour ses finances, il s'arrêtait désespéré et allait abandonner l'ouvrage à moitié chemin, quand le comte d'Arundel lui exprima le désir de le lui voir continuer et lui promit d'en prendre une quantité raisonnable d'exemplaires et de lui fournir, sa vie durant, une redevance annuelle sous la forme d'un chevreuil en été et d'un daim en hiver.

L'ouvrage de Caxton traitant des sujets les plus divers : histoire, roman, poésie, religion, morale, il serait trop long d'en faire le catalogue. Le premier livre qu'il imprima à Westminster fut *Dictes and Sayings of the Philosophers,* traduction d'un manuscrit français faite pour le comte Rivers et revue par lui-même. Il porte la date de 1477.

Le comte Rivers continua à protéger Caxton, qui imprima pour lui l'année suivante : *The moral proverbs of Chrystine de Pise,* traduction anglaise d'un des livres les plus célèbres de son temps.

Caxton ajouta à ce livre quelques lignes qui commencent ainsi :

> Va, toi, petit cahier, et recommande-moi
> A la bonne grâce de mon seigneur spécial
> Le comte Rivers.

En 1479, un troisième volume du comte Rivers parut sous le titre de *Cordyale or the Four Last Things.*

Les travaux de Caxton lui-même, comme traducteur, méritent une mention spéciale. En outre du *Recuyell,* des *Game and Playe of Chesse* et de la *Golden Legend,* déjà cités, il ne publia pas moins de vingt-deux traductions différentes. Cela fait en tout, d'après M. Blades, plus de 4,500 pages d'impression, et M. Dibdin calcule qu'elles ne contiennent pas moins de 5,000 pages d'in-folio moderne en petit caractère.

Sur ces traductions, dix étaient des romans de chevalerie ou autres, genre très à la mode alors et fort goûté des gens bien élevés. L'apprenti du mercier était devenu courtisan longtemps avant de s'établir à Westminster, et ses relations avec les cours de Bourgogne et d'Angleterre lui avaient donné les manières et les goûts de la meilleure société.

Un des premiers romans traduits par Caxton après son arrivée en Angleterre fut *The Book of the Hoole Lyf of Jason* qu'il dédia au prince de Galles, n'osant pas, nous dit-il, le dédier au Roi, car il ne doute pas que « Sa Grâce le possède en français qu'il comprend très-bien ». Les traductions qui suivirent *Jason* furent *Godefroy of Boloyne or the last Siege and Conquest of Jherusalem, — the Book of the Ordre of Chyvalry, — the Lyf of Charles the Great, — the Eneydos, — the Four Sones of Aymon,* — toutes traduites du français. D'autres ouvrages furent traduits du hollandais et du latin.

Les plus importants de ses livres d'histoire sont *the Chronycles of England, — the Descripcion of Britayne* et *the Polycronycon.* Ces volumes parurent entre 1480 et 1482. Le premier est une répétition de l'ancienne *Chronique de Brute,* avec des additions ; le second est un chapitre du *Policronicon* de Higden et le troisième est une édition complète de ce *Policronicon* d'après une traduction revue de Jean de Trévise et avec une suite de la propre main de Caxton. Cette continuation, le *liber ultimus* du *Polycronicon,* est le seul ouvrage original important de Caxton et il contient l'histoire de l'époque qui va de 1357 à 1461. Les autres ouvrages d'histoire imprimés par Caxton ont peu d'importance.

C'est à Caxton que l'Angleterre doit la première

édition de beaucoup d'ouvrages de Chaucer, de Gower et de Lydgate. Sa critique sur Chaucer démontre que, bien qu'il ne fût pas poëte lui-même, il était à même d'apprécier pleinement les mérites de « l'*Étoile du matin du chant* ». « Dans tous ses ouvrages, dit-il, il « dépasse à mon avis tous les autres écrivains en notre « langue anglaise. Car il n'écrit pas de vains mots, « mais tout ce qu'il fait est plein de sentences élevées « et expressives ; il faut donc le louer et le glorifier de « ses nobles ouvrages. »

Caxton n'a pas publié d'édition de la Bible, mais ses livres sur les sujets moraux et religieux sont nombreux. On peut citer entre autres le *Psautier*, les *Heures de la vie du Christ*, le *Livre des Fêtes*, la *Doctrine de la Sagesse*. Il édita aussi les traités de Cicéron sur la *Vieillesse* et l'*Amitié*. C'est un des meilleurs traits du caractère de Caxton d'avoir adapté son imprimerie à tous les besoins de son époque, et le catalogue seul de ses ouvrages est un miroir où nous voyons se refléter l'existence anglaise de la fin du XVe siècle. Il a imprimé en tout, de 1474 à 1491, environ soixante-dix ouvrages.

Caxton ne fut pas un maître dans le style anglais ; il le reconnaît lui-même à chaque instant, et un des signes caractéristiques de ses prologues et épilogues est la manière franche et simple dont il raconte son histoire. Mais s'il ne fut ni inventeur ni auteur original, il eut le grand mérite d'importer en Angleterre l'invention de Gutenberg et de donner une vigoureuse impulsion à la littérature de son époque. Il mérite à ce double titre la reconnaissance de l'Angleterre. Elle n'a pas du reste été ingrate, et vient de le lui témoigner par l'éclat inusité qu'elle a donné à son quatrième centenaire.

Suivant M. Blades, Caxton mourut en 1491. On a donné de lui plusieurs portraits, mais aucun n'est authentique.

Il serait intéressant de poursuivre ainsi l'introduction de l'Imprimerie dans les divers pays de l'Europe et de faire l'histoire des principaux imprimeurs. Plus les temps se rapprochent des nôtres et plus ces histoires demandent de développements. Nous avons voulu borner cette Notice à des considérations générales sur les origines de l'Imprimerie, nous réservant de faire plus tard des biographies complètes des grands maîtres de notre art.

FIN.

TABLE DES MATIÈRES

A. Quantin imprimeur
r. S. Benoit, 7, à Paris

A. Quantin imprimeur
r. S. Benoit, 7, à Paris

www.ingramcontent.com/pod-product-compliance
Ingram Content Group UK Ltd.
Pitfield, Milton Keynes, MK11 3LW, UK
UKHW012055240726
13965UKWH00004B/1296